NOTICE

SUR

Sᵗᵉ SALABERGE

~~~~~~

Au profit de l'œuvre.

LAON. — Imprimerie Edouard-Houssaye.

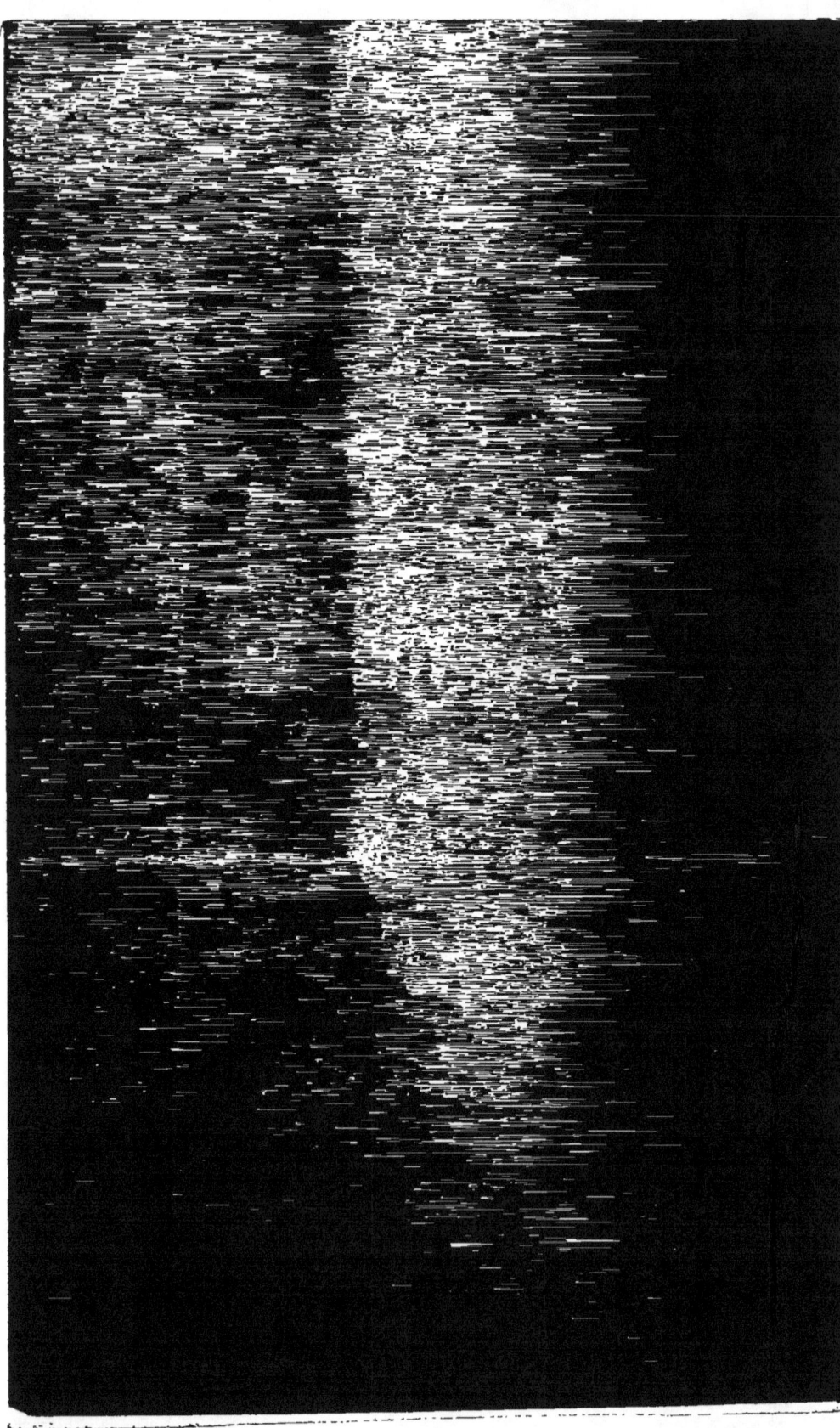

NOTICE

SUR

SAINTE SALABERGE

NOTICE

SUR

Ste SALABERGE

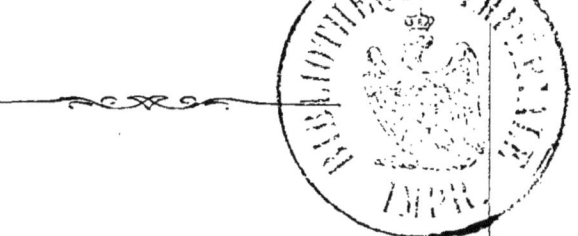

Au profit de l'œuvre.

Laon. — Imprimerie Edouard Houssaye.

LE FAUBOURG D'ARDON

ET

SAINTE SALABERGE.

Au sud-est de Laon, au pied de cette pittoresque montagne qui attire de loin les regards du voyageur, s'étend dans la vallée un riche et laborieux village, auquel l'Ardon (*Ardo fluviolus*), petite rivière qui prend naissance sur son territoire, a donné son nom (1).

---

(1) Un étymologiste fait dériver ce nom du mot

Ce faubourg aux blanches maisonnettes, parsemé de luxuriants jardins, paraît avoir une origine fort ancienne. Il est certain qu'il formait déjà une localité importante du temps de sainte Clotilde, au v° siècle, puisque d'après une vieille tradition dont on retrouve les vestiges dans nos hagiographes, cette reine passe pour en avoir fait édifier l'église primitive, consacrée à saint Pierre.

A l'ouest et au nord, et dominant ce faubourg, on aperçoit encore aujourd'hui

---

latin *ardere*, brûler, à cause de l'exposition d'Ardon au sud.

Un autre tire ce nom de deux mots celtiques, *ar*, sous, au pied, et *dun*, montagne.

Un troisième trouve l'origine de ce nom dans le verbe grec αρδο (ardo), j'arrose; Ardon, pays si arrosé par les eaux.

Enfin, on peut aussi conjecturer que ce nom, donné à la rivière et au faubourg, provient du latin *ardea*, en français, *héron*, parce que ces endroits si marécageux étaient très-fréquentés par ces oiseaux.

deux vastes constructions monastiques : Saint-Vincent, assis comme un nid d'aigle sur un des bras de la montagne qui s'avance dans la plaine ; et à l'extrémité d'un demi-cercle, qu'on appelle la *Cuve Saint-Vincent*, l'ancienne abbaye de Saint-Jean, occupée par la préfecture de l'Aisne.

Des fenêtres de cette demeure princière, comme de la terrasse du jardin, on a sous les yeux un horizon à souhait, sans limites, à l'est, et offrant au sud un délicieux paysage, bordé de riantes collines.

Quand à travers ce splendide panorama on vient à arrêter le regard sur le faubourg d'Ardon, on ne tarde pas à découvrir à l'extrémité de ce village un petit mamelon, couronné de bosquets, qu'on appelle *La Moncelle*. C'est là qu'existait, au dernier siècle, une chapelle dédiée à sainte Salaberge, et qui a disparu dans les mauvais jours de 93.

On sait que sainte Salaberge, après s'être vouée à l'état religieux, était venue, au vii⁰ siècle, du pays de Langres dans celui de Laon, pour y chercher un repos et une tranquillité qu'elle ne pouvait espérer sur les confins de la Bourgogne et de l'Austrasie.

Attole, évêque de Laon, avait accueilli Salaberge et sa communauté aux chants des hymnes et des psaumes (1). Bientôt le prélat lui avait assigné pour habitation un emplacement sur la partie sud de la Cité, où la sainte fit construire de ses deniers un vaste monastère orné de sept chapelles, dont la principale portait le nom de Notre-Dame-la-Profonde, aussi bien pour la distinguer de la cathédrale

(1) Un tableau qui se trouve à la cathédrale de Laon et qui provient de l'abbaye de sainte Salaberge représente cette scène touchante.

que pour faire allusion aux degrés par lesquels on y descendait.

On dit que dans l'origine, trois cents religieuses, se succédant les unes aux autres, chantaient sans interruption les louanges du Seigneur dans toutes ces églises.

Salaberge ne cessa de donner l'exemple de toutes les vertus jusqu'à sa mort, arrivée en 654.

Quand on remonte à ces temps primitifs de notre histoire locale, on rencontre souvent des traditions empreintes d'une douce et charmante naïveté. Ainsi, nous lisons qu'à l'époque où vivait sainte Salaberge, elle possédait un vaste jardin à La Moncelle, et que du haut de la terrasse de son abbaye de Laon, parlant très-bas, de manière à n'être entendue de personne, pas même de la sœur qui l'accompagnait, elle donnait ses ordres à son jardinier comme si elle avait été sur les lieux. De cette tradition, consignée dans la vie de sainte Salaberge, publiée par Herman, moine du XIIe siècle, nous devons conclure que les environs de l'Ardon, si renommés depuis par la qualité de leurs légumes, étaient déjà consacrés au jardinage, comme aussi nous pouvons comprendre pourquoi on a érigé une chapelle en cet endroit à la mémoire de la sainte abbesse.

Toutefois, on ignore à quelle époque s'est faite cette érection ; ce qui est certain, c'est qu'aux XIIe et XIIIe siècles, nos campagnes étaient peuplées de chapelles de dévotion, que tous les lieux de cette noble terre de France étaient sanctifiés par quelque objet ou souvenirs religieux, et qu'alors les sociétés comme les individus aimaient à placer leurs personnes et leurs biens sous la protection des saints.

Aussi, venait-on en pélerinage à la chapelle de sainte Salaberge pour être guéri de la fièvre en buvant l'eau de sa fontaine et pour être préservé du fléau des orages.

Que de fois on a déploré ce souffle sacrilége qui a passé sur la France, ce vandalisme impie qui eût l'audace et la folie de s'attaquer à Dieu et à ses saints !

Pour vous, habitants de la paroisse d'Ardon, en qui s'est réveillé, ou plutôt en qui vît le culte des souvenirs religieux, soyez fiers, soyez heureux de votre zèle et de vos efforts ! Vous avez dit : Rendons à notre église sa dignité et sa magnificence ; rendons à la maison de Dieu son signe distinctif, son clocher avec ses sonores harmonies ; restaurons nos chapelles, décorons ces statues antiques devant lesquelles ont prié nos pères ; réédifions ce qui a été détruit. Et on s'est mis à l'œuvre avec une active persévérance. L'église est sortie de ses ruines ; des sanctuaires particuliers ont été élevés en l'honneur de la très-sainte Vierge et du saint patron ; de très-belles cloches retentissent, comme la puissante voix de Dieu, dans les airs ; et enfin là, au milieu des champs, où avait été bâtie autrefois une chapelle de sainte Salaberge, dont on a retrouvé les fondations, apparaît un monument nouveau qui sera consacré à sa gloire et à son culte.

Ce monument, construit en pierres de Colligis, est simple, gracieux ; et on a pu y conduire dans l'intérieur cette eau miraculeuse qui, par suite du boisement, s'était perdue ou plutôt s'était enfoncée à la suite des racines des arbres jusque sur un autre banc de glaise, à huit mètres de profondeur (1).

(1) L'ancienne fontaine, qui a cessé de couler il y a quarante ans environ, était alimentée par des filets d'eau qui serpentaient çà et là au haut de la petite montagne. Ces eaux étaient recueillies dans une vaste tonne en chêne, dont nous possédons encore quelques

Nous ne doutons pas que ce petit édifice, placé d'une manière si pittoresque, à l'ombre des bosquets, au pied de La Moncelle, ne soit regardé par les habitants d'Ardon comme un véritable *palladium*; nous ne serions pas étonnés qu'il devînt l'occasion du rétablissement d'un pieux pélerinage. Puisse le Ciel, par l'intercession de cette sainte abbesse, répandre de nouveau dans ces lieux l'abondance de ses bénédictions ! (1).

débris, et descendaient ensuite par des tuyaux en tuile jusqu'à mi-côte, au sein de ce verger et de ce jardin qu'elles fertilisaient.

(1) Jean-Jules Dours, par la miséricorde divine et la grâce du Saint-Siége apostolique, évêque de Soissons et Laon, doyen et premier suffragant de la province de Reims, assistant au trône pontifical,

A la demande de Monsieur Lahire, curé de la paroisse d'Ardon, faubourg de Laon,

Voulant contribuer, autant qu'il est en nous, à développer le culte et la dévotion envers sainte Salaberge

Ajoutons, pour compléter cette notice, que nous aurons le bonheur de pouvoir déposer dans ce champêtre sanctuaire la belle statue de l'antique chapelle (1).

Oui, nous la verrons, portée solennellement en triomphe, sous des arcs de verdure et de fleurs, aux acclamations de la paroisse entière, et entourée de toute la pompe de nos grandes cérémonies, nous la verrons aller reprendre possession de cette terre, de ce trône où elle

---

dont la piété et les vertus eurent un éclat très-illustre dans ladite ville de Laon,

Nous avons permis et permettons par ces présentes qu'une procession solennelle soit célébrée en l'honneur de cette sainte abbesse, dans la paroisse d'Ardon, tous les ans, au dimanche qui suivra le 24 septembre, jour de sa fête.

     Soissons, 22 août 1868.

(1) Cette statue, recueillie par une famille chrétienne, avait échappé à la profanation, et avait été exposée, dans l'église, à la vénération des fidèles.

siégeait autrefois ; et ce trône, nous en avons la ferme confiance, sera encore un trône de grâces et de faveurs !

Cette statue, en bois de chêne, remarquable d'ailleurs par sa sculpture, est très-expressive : elle représente la sainte portant un échalas à la main gauche, et caressant de la droite une biche qui s'agenouille devant elle et la regarde avec tendresse.

L'origine de ces attributs est assez curieuse pour que nous en donnions ici l'explication.

La tradition assure que sainte Salaberge venait souvent de Laon à La Moncelle, et la rivière de l'Ardon, à son approche, s'ouvrait pour lui donner passage à pied sec. Or, il paraît qu'un jour, soit distraction, soit besoin d'appui, la sainte s'était emparée d'un échalas qui se trouvait dans un champ contigu au chemin, et elle marchait sans inquiétude. Arrivée sur le bord de l'Ardon, voici que l'eau coulait, coulait toujours. Sainte Salaberge comprit sa faute, et l'ayant aussitôt réparée, elle revint vers la rivière, qui lui livra le passage accoutumé.

Et de nos jours, les bonnes mères disent encore à leurs petits enfants : Ne vole jamais la moindre chose, mon enfant; sainte Salaberge n'avait pris qu'un échalas, Dieu l'en a punie !

Une autre fois, tandis que l'abbesse visitait encore La Moncelle, un orage terrible éclate; Salaberge est saisie de frayeur, et une biche, épouvantée elle-même, vient se réfugier à ses pieds comme pour lui tenir compagnie et lui demander en même temps asile et protection. Depuis, ce doux animal ne la quitta plus.

C'est sans doute à cause de cette circonstance qu'on invoque sainte Salaberge contre les orages. N'avait-on pas, en effet, à redouter particulièrement, es sombres nuées qui recèlent la grêle et les tempêtes, et qui, tourmentées, partagées par la montagne de Laon, se précipitent dans la plaine et y portent le ravage et la désolation ?

La biche avait au cou une petite sonnette qui fut conservée comme une précieuse relique. On dit que lorsqu'on buvait dans cette sonnette l'eau de la fontaine miraculeuse, on était guéri de la fièvre, *fièvre de marais*, si commune dans ces contrées aqueuses qui, depuis, ont été assainies.

Une œuvre religieuse reprise sous de si heureux auspices ne pouvait que réussir ; et même, lorsqu'on réfléchit sérieusement sur toutes les circonstances qui ont favorisé ce projet de restauration, tout semble providentiel.

A la vérité, il s'agissait de réédifier l'unique sanctuaire, peut-être élevé à la mémoire de sainte Salaberge ; de relever le culte d'une sainte de notre pays, de ce pays qu'elle a aimé, qu'elle a illustré par ses vertus; d'opérer la reconstruction d'une chapelle dédiée à une femme, à une mère qui a connu les chagrins et les tristesses de la vie? C'était une œuvre locale, une œuvre de pieux souvenirs, une œuvre de réparation ; aussi un saint enthousiasme exalte tous les cœurs.

Les dames de la paroisse rivalisent de générosité et désirent former une confrérie, dite de Sainte-Salaberge. Leurs noms, inscrits sur un tableau qui sera appendu aux murs de la chapelle, en perpétuera à jamais le souvenir.

Le propriétaire du sol de l'ancienne chapelle s'empresse de le céder gratuitement (1).

(1) Hélas ! une mort subite nous l'a enlevé depuis; mais Dieu, dont les desseins sont impénétrables, ne

D'autres font l'abandon d'un terrain, sur une longueur de 100 mètres, pour ouvrir un chemin vers cette chapelle.

Une personne, à l'occasion de la première communion de son enfant, prend à sa charge les frais de la restauration de la statue.

Une autre fait don d'un autel, œuvre remarquable de ses mains.

Une autre offre une lampe pour le sanctuaire.

Un ecclésiastique, profondément attaché au Laonnois, nous envoie une riche chasuble, qui devra servir aux messes dites dans la chapelle de sainte Salaberge.

Un autre, d'élégants chandeliers pour ce même autel.

Plusieurs personnes étrangères ont

dispose pas seulement de la vie présente pour récompenser...

bien voulu aussi coopérer à notre œuvre.

Que Dieu en soit béni !

O sainte Salaberge, accueillez favorablement et nos offrandes et nos prières ! Sainte abbesse, contemporaine de nos ancêtres que vous avez connus, que vous avez comblés de bienfaits, protégez leur postérité, leurs enfants ! Sainte gardienne de ces lieux qui vous furent si chers, protégez notre faubourg, notre paroisse, surtout dans l'ordre spirituel, dans la voie du salut, afin qu'il nous soit donné, à nous, qui, moins heureux que nos pères, avons été privés de votre présence sur la terre, de pouvoir jouir de votre vue et de votre bonheur dans l'autre vie, dans le ciel !

Les offrandes futures seront déposées entre les mains de M. le curé d'Ardon, tant pour satisfaire aux dépenses supplémentaires que pour contribuer à l'entretien et à la décoration de la chapelle.

Nous serions heureux et infiniment reconnaissants, si on pouvait nous procurer des reliques de sainte Salaberge et de saint Baudoin, son fils.

On sait que ce saint archidiacre fut assassiné à coups de fourche au bas de la montagne de Laon, en un lieu qu'on appelle encore la *Fontaine Saint-Baudoin*.

Cette fontaine, en pierres, où l'on voyait autrefois, dans une niche assez élevée, la statue de saint Baudoin, exigerait aussi quelques réparations.

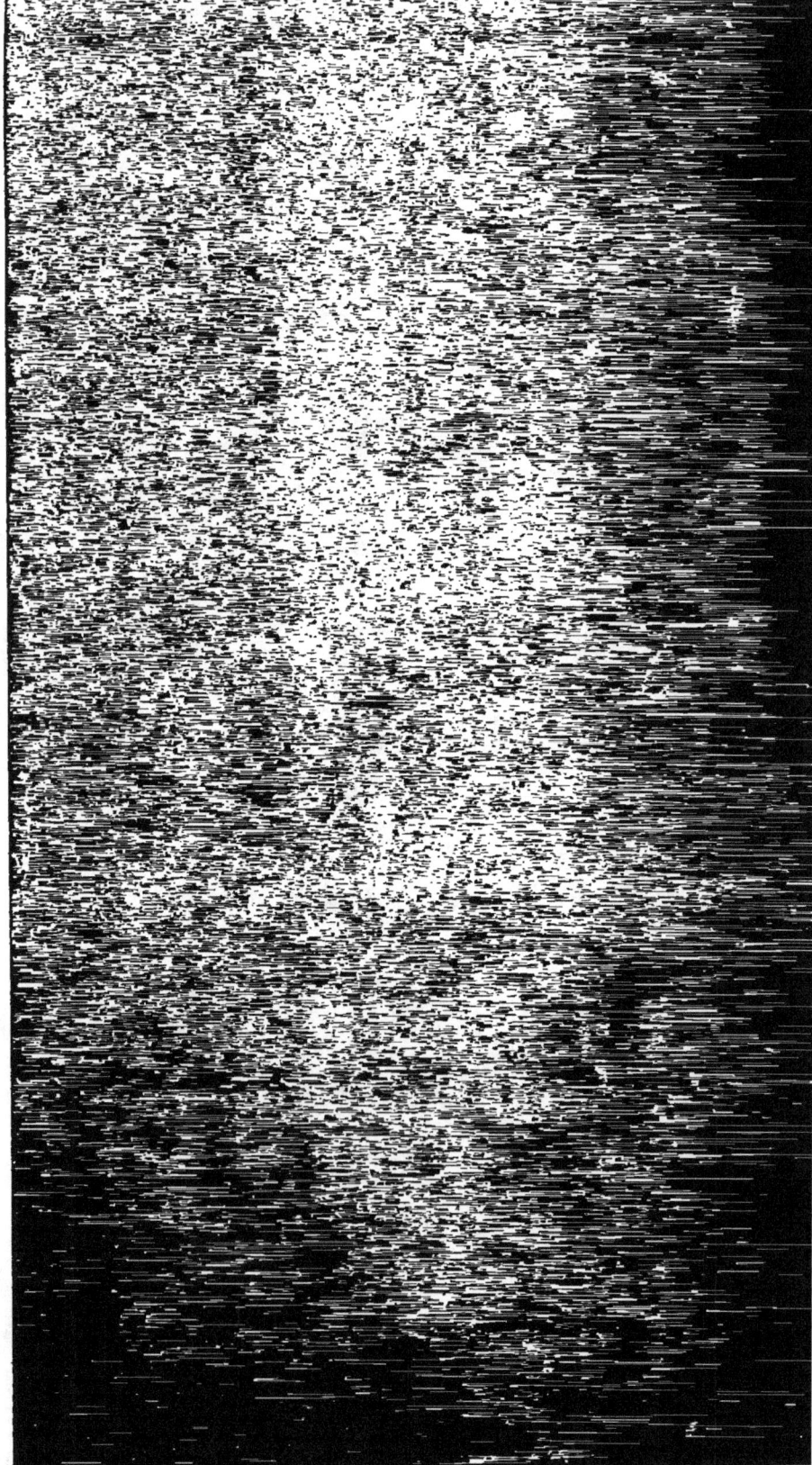

www.ingramcontent.com/pod-product-compliance
Lightning Source LLC
Chambersburg PA
CBHW060722050426
42451CB00010B/1581